そのコーチの教え、本当に正しいの？

少年野球
ワンランク上の選手になるための
新常識52

座間ひまわり野球倶楽部代表 たてぶり先生 監修

日本文芸社

はじめに…

表紙の監修者名を見て「たてぶり先生」とは、一体何者なのだろうと思われた方も多いはずです。「たてぶり」は漢字で書くと「縦振り」となります。これはボクが新しく作り出した言葉ではなく、昭和の昔からある野球用語・ゴルフ用語なのです。

ボクがこの「縦振り」という言葉に初めて出会ったのは2009年のオフシーズンのことです。当時、取り組んでいたバッティングの練習方法を見て、サポートしていた高校チームの監督さんが教えてくれました。テレビ番組の中で現役であった稲葉篤紀氏（元日本ハムほか）が変化球の打ち方に関して「縦振り」という言葉を使って解説していたのです。

この番組で初めて「縦振り」という言葉を知り、ここから使わせて頂くようになりました。その当時に自分が考えていたバッティングのイメージや練習方法と合致することが多く、何よりもその「たてぶり」という語呂の良さに一目惚れしてしまいました。そのうちにSNSの中で「たてぶり先生」と呼ばれ始めて、それが定着してくれました。まさに運命的な出会いを果たしたわけなのです。今はバッティングだけではなく、スローイング・守備・ピッチングなどの技術指導から配球・戦術などのアドバイスも行っています。

順番が前後してしまいますが、ボクの仕事は野球を教えることです。幼稚園生、小中高生から大学生・草野球選手まで幅広い年齢層に対して、野球教室・個人指導・チームサポートなどを行っています。

※本書は右投げ右打ちを前提に解説しています。左投げや左打ちの選手は逆の動きになることを御了承ください。

※「全日本軟式野球連盟」では、中学生による野球を「少年野球」と定義し、小学生の野球は「学童野球」と呼んでいます。ただし、本書では一般的に「少年野球」と聞いてイメージするであろう「小学生が行う野球」という内容で主に作成しました。

この日々の中で気づいたことや自分の考えをSNSで毎日、発信し続けてきました。ボクは野球以外にも色々なことに疑問や違和感を持つタイプの人間でしたので、人とは違った切り口の投稿をしてきたと自分でも思っています。それがいつか本という形になればいいなという独立当初からの目標が現実となり、とても嬉しく思っています。

この本は左ページに「昔から正しいとされていた常識」をNG度とともにイラストで示し、右ページでその古い常識をアップデートさせた令和の新常識をお伝えしています。注意して欲しいのは、左ページのことが全て100%悪いということではなく、「こうすればもっと良くなる」という提案のものも多くあることを理解して読み進めてください。

本の内容としては一般的な考えとは逆説的なものが多いですが、ボク自身は特別なことをしたいと思っているわけではありません。上手い選手がやっているようなプレーや結果を出しているチームの取り組みなどを実現するためには、具体的にどういうことが必要かを考えた結果がこの本に書いたことなのです。今までの常識にとらわれず「そう言われてみれば、そうだよな」というような内容を厳選しました。

この本ではジャンルごとに5つの章に分けて、全部で52項目についてボクなりの考えを書かせて頂いています。みなさんにわかりやすいようにシンプルに文章にまとめて、イメージが湧きやすいように大きいイラストでも描いています。指導者の方はもちろん、お父さんとお母さんにも読んで欲しいです。野球経験のない方でもお子さんとの野球談議のネタとして活用できると思います。一緒に取り組める内容も多いので、ぜひ親子で上手くなっていってください。

縦振りを最大限に活用して、試合で活躍できるワンランク上の選手になっていきましょう!

Contents

少年野球 ワンランク上の選手になるための新常識52

はじめに 2

第1章：ウォーミングアップ・キャッチボール

① NG: ウォーミングアップをしっかりしてから野球をしよう
→ボールを使ったウォーミングアップで効率を上げよう！ 10

② NG: ケガしないためにはウォーミングアップが一番大切
→クーリングダウンをしっかりしてケガを防ごう！ 12

③ NG: キャッチボールの時は相手の胸に向かって投げよう
→相手の顔の横を狙って投げよう 14

④ NG: キャッチボールは全力で同じボールを投げよう
→色々なボールを投げよう！ 16

⑤ NG: キャッチボールはピッチャーの投球フォームで投げる
→色々な投げ方で投げよう！ 18

⑥ NG: 肩よりヒジを上げて投げよう
→腕の振り出しは肩よりヒジは下がっていてOK! 20

⑦ NG: 遠投をすれば肩が強くなる
→頑張って投げすぎるとケガをしてしまう！ 22

Baseball Column 1: 座間ひまわり野球倶楽部について 24

第2章：バッティング

① NG: 素振りが基本。しっかりとバッティングフォームを固めよう。
→素振りは上級者の練習。柔軟にいろんな打ち方ができるようになろう！ 26

カラー説明
NG: NG度1(小)　NG: NG度2(中)　NG: NG度3(大)

② **NG:** 常にフルスイングをしよう
→インパクトを大事にしよう！ 28

③ **NG:** 斜め前からボールを投げてもらうティーバッティングは有効な練習のひとつ
→投手方向からのティーバッティングで遠くに打とう！ .. 30

④ **NG:** 大谷翔平選手みたいにノーステップ打法で打とう
→打つときは体重移動を大きくとろう！ 32

⑤ **NG:** ボールを引き付けて打とう
→真ん中〜低めは前でさばかないと詰まる！ 34

⑥ **NG:** 逆方向に打とう
→力強く引っ張れよ!! 36

⑦ **NG:** バッターボックスではホームベースに近づいて立とう
→ホームベースから少し離れた方が外角も打てる！ 38

⑧ **NG:** バッティング練習の時はボールを見極めてストライクだけを打とう
→全部振れ!! 40

⑨ **NG:** ピッチャー返しやセンター返しを意識して練習しよう！
→内角は引っ張ろう!! 42

⑩ **NG:** バントが上手になれば打つのもウマくなる
**→順番が逆で打つのが先！バッティングが上達すれば
バントはその後にウマくなる!!** 44

⑪ **NG:** 試合でボール球は振るな
→振っていくことでタイミングを合わせよう！ 46

⑫ **NG:** 転がせば何かが起きる
**→小学生のうちは遠くに飛ばすのがバッティングの
楽しさだ！** 48

⑬ **NG:** 初球はしっかりとボールを見よう
**→空振りでも初球から振ってくるバッターの方が相手
は嫌なもの** 50

⑭ **NG:** 高めには手を出すなよ！
→長打になりやすいので、積極的に振ろう！ 52

Baseball Column 2: 道具の選び方（グラブ、バット） 54

第3章：守備

① NG: 打球は体の正面で捕ろう！
→左斜め前で捕る練習をしよう！ 56

② NG: ゴロは両手で捕ろう！
→片手で捕る準備をしよう！ 58

③ NG: ゴロ捕球の時はできるだけ腰を低くして捕ろう
→グラブが地面に着いていればOK 60

④ NG: 打球や送球は捕れなくても体で止めよう
→目先のアウトよりケガ防止!! 62

⑤ NG: 捕ってからすぐ投げよう
→しっかりと助走をとって投げよう 64

⑥ NG: ノックを受ける時も打球方向を予測しよう
→インパクト（打球）を見てから動き出そう！ 66

⑦ NG: 送球する方向に真っすぐステップして上から投げよう
→送球する方向に体を開いてサイドスローで投げよう 68

⑧ NG: 体の右側の打球は全てバックハンドで捕る
→回り込める打球は片手のフォアハンドで捕ろう 70

⑨ NG: ゴロはバウンドの落ち際で捕ろう
→上がり際（ショートバウンド）に合わせる 72

⑩ NG: ギリギリの打球は頭からダイビングキャッチだ！
→足からのスライディングキャッチをしよう！ 74

⑪ NG: 送球はベースをまたいで待とう
→ベースの前で半身（はんみ）で待とう 76

Baseball Column 3: グラブの手入れ 78

カラー説明
NG: NG度1（小） NG: NG度2（中） NG: NG度3（大）

第4章：ピッチング

①　NG: 人さし指、中指、薬指、親指の４本でしっかり握ろう！
→小指も使って、５本指で支えてもＯＫ！ 80

②　NG: シャドーピッチングをして、フォームを固めよう！
→ゴムボールでもいいから投げよう！ 82

③　NG: ピッチング練習は投げすぎに気をつけよう！
→力を抑えて、球数をたくさん投げよう！ 84

④　NG: 重心を低くして投げよう！
→重心が高い方が体重移動がしやすい！ 86

⑤　NG: テイクバックを大きく取ろう！
→ショートアームでリリースを安定させよう！ 88

⑥　NG: 長い距離を走りこんで、下半身を強くしよう！
→短い距離をダッシュして、瞬発力をつけよう！ 90

⑦　NG: プレートの三塁側に立って、角度のあるボールを投げよう！
→一塁側に立って、ストライクを取りやすくしよう！ 92

⑧　NG: 外角低めがピッチングの基本！
→速球はストライクゾーンの真ん中高めに投げよう！ 94

⑨　NG: 内角と外角を投げ分けて攻めろ！
→自然と散るから、真ん中狙いでＯＫ！ 96

⑩　NG: カウントが悪いのに置きにいくな！腕を振って全力で投げろ！
→少し力を抑えて、狙ったところに投げよう！ 98

⑪　NG: 同じリズム、同じテンポで投げよう！
→追い込んだり、ランナーがいる時は変えよう！ 100

⑫　NG: ランナーが出たら、牽制球（けんせいきゅう）を投げておけよ！
→余計な牽制球は守備のリズムを乱すからやめよう！ 102

Baseball Column 4: ボールの握り方 104

第5章：コーチング

① NG: 1つのポジションを極めさせよう！
→複数ポジションにチャレンジ！ …… 108

② NG: 小技のサインプレーで得点を稼ごう！
→ノーサインで自由に打たせて、走らせよう！ …… 110

③ NG: ランナー三塁の時は前進守備で1点を防ごう！
→1失点を怖がらずに、ビッグイニングを作らせないことが優先！ …… 112

④ NG: 守備時にランナーが出たら、盗塁を警戒（けいかい）だ！
→バッターにストライクを投げることに集中！ …… 114

⑤ NG: ケガしてもできるトレーニングがあるぞ！
→休むのも大事な練習。まずしっかり治そう！ …… 116

⑥ NG: 選手の体に直接触って誘導しよう！
→選手の体には触れないようにしよう！ …… 118

⑦ NG: 「声を出せ！」「集中しろ！」「気持ちで負けるな！」「考えてプレーしろ！」「自分たちの野球をしろ！」
→選手が理解行動できるように、具体性のある指示を出そう！ …… 120

⑧ NG: 勝つためには選手に我慢をしてもらおう！
→全員が楽しめるチームにしよう！ …… 122

Baseball Column 5:
縦振り的打者と縦振り的投手が対決したらどうなる??……124

あとがき …… 126

プロフィール …… 127

カラー説明
NG: NG度1（小）　NG: NG度2（中）　NG: NG度3（大）

第1章

ウォーミングアップ・キャッチボール

練習や試合前の準備、適当にやっていませんか？
まずは「肩を慣らす」ための正しい方法をアップデート！
そして、クーリングダウンの重要性も知っておこう。

NG度

ウォーミングアップをしっかりしてから野球をしよう

ウォーミングアップといえば、一般的にはランニング、体操、ダッシュに始まり、ラダー、ミニハードルなど、様々なメニューを時間をかけて行うことが多い。大学生やプロ野球チームのように、時間や場所が充分に確保(かくほ)されていれば、こうした手順(てじゅん)が理想的ではある。

しかし、週末の練習や試合がメインの少年野球チームの場合、限られた活動時間の中で、単純に体を動かすだけのメニューに長い時間をかけるのはもったいない。最初からボール

ワンランク上の新常識

ボールを使ったウォーミングアップで効率を上げよう!

を使い、身体をほぐしつつ、技術的な要素を含んだメニューを取り入れることで、効率よく時間を使った練習を目指したい。

例えば、テニスラケットを使って緩(ゆる)いフライを打ち、さまざまな方向に選手を走らせて捕るだけの練習(返球の必要はない)や、優しいゴロのノックを打ち、徐々に距離を広げながら返球をさせる、など。小学生は体力、集中力も限られているので、最初からボールを使った練習で、ウォーミングアップ代わりにしよう。

NG度

ケガしないためには ウォーミングアップが一番大切

最近は少年野球も意識が高くなり、時間をかけてウォーミングアップを行うチームが増えた。ただ、同じような意識で、クーリングダウンに力を入れるチームは、さほど多くないように見受けられる。

一般的に、子供は大人よりも活動的である。練習前から走り回る子供はよく見かけるし、そこまで時間的余裕がなくても、練習場所までの自転車移動など、ウォーミングアップ代わりになる運動を練習前に済ませているケースは少なくない。だからこそ、11ページのように最初からボールを使った練習も有効になる。

ワンランク上の新常識

クーリングダウンをしっかりしてケガを防ごう！

しかし、練習後のクーリングダウンは、別の動きで補うことが難しい。ケガの防止や筋肉痛、疲労を軽減するためには、しっかりとしたストレッチで筋肉に刺激を与え、血流を促(うなが)すのが望ましい。ウォーミングアップの合理化で、クーリングダウンに割く時間をつくり出そう！

オススメなのは「ラジオ体操」。誰でも知っているので新しく覚える必要がなく、有酸素運動的な要素もある全身運動なので、クーリングダウンには最適。

キャッチボールの時は相手の胸に向かって投げよう

右投げ同士ならば、グラブをはめている相手の左側の顔の高さに投げるキャッチボールをオススメしたい。

相手の胸に向かって投げる場合は、ややクロス方向に投げることになるので、リリースが遅れて伸びがない、いわゆる「引っかけた」ボールになってしまいがち。一方、顔の左側へは真っすぐ投げ出せばよく、こちらの方が、指にかかった伸びのあるボールを投げやすいのだ。

捕る方はグラブを顔の斜め前に出して捕るようにする。ボールの軌道（きどう）を斜めから見るこ

ワンランク上の新常識

相手の顔の横を狙って投げよう

とで、距離感がつかみやすくなるのだ。また、胸の前だとグラブをバックハンドで構えることになるが、顔の斜め前ならばフォアハンドで構えればよいので、グラブを前後左右に操作しやすく、逸れたボールにも対応しやすい。捕れなかった時も体に当たる危険が少ないので、特にジュニア選手や初心者にとっては、恐怖心（きょうふしん）を軽減できるのも利点だ。

このキャッチボールができると、試合中の挟殺（きょうさつ）プレーでも走者に送球を当ててしまう危険を回避できる。

NG度

キャッチボールは全力で同じボールを投げよう

強いボールを投げろ！

NG

全力投球を続けることで一番怖いのは、肩やヒジを故障する危険が増すこと。また、体の各所にムダな力が入りやすいので、狙った場所にコントロールすることも難しくなる。キャッチボールでは、コントロールのつく範囲で強いボールを投げることはあっても、全力投球は不要と考えよう。それよりもむしろ、さまざまなバリエーションのボールを投げておくことを心掛けたい。

ノーバウンドで届く距離であれば、ライナーで投げるのはもちろんだが、あえてワンバウン

ワンランク上の新常識

色々なボールを投げよう！

いろんな投げ方で投げてみよう。
Good!

ドで投げてみるなど、キャッチボールの時から、試合を想定し、色々な強さや軌道のボールを試しておくことが大切だ。

短い距離から長い距離まで、色々な距離で投げることは、力加減やコントロールを磨(みが)くことにもつながる。例えば、近い距離でもわざと山なりのボールを投げることで、平面的ではなく、立体的に狙うコントロールをつけるのに役立つ。将来的には、これが変化球を投げるのに必要な感覚にもなってくる。

NG度

キャッチボールはピッチャーの投球フォームで投げる

NG

しっかり足を上げ、テイクバックを大きくとって投げるようなフォームは、ピッチャーの時にしか使わないので、キャッチボールとは別に、ピッチング練習の時間を設けて行うようにしたい。

キャッチボールの時には、野手が使う、さまざまな投げ方をしておこう。こうした投げ方はピッチャー、キャッチャー、内外野の全ポジションに応用できる。試合では、内野手はもちろん、外野手もサイドスローで投げる機会は多く、ピッチャーの牽制(けんせい)球や、バント処理も同様だ。また、

ワンランク上の新常識

色々な投げ方で投げよう！

最近では、ピッチャーもテイクバックを大きく取らない投球フォームが主流になっている。

最初はサイドスローやアンダースローで思い通りに投げるのは難しいかもしれないが、普段のキャッチボールから意識して練習していれば、コントロール良く投げられるようになるはずだ。

初めてボールを投げる赤ちゃんは、座った状態からテイクバックを取らないスナップスローをする。もしかしたら、これがヒトにとって自然な動作かもしれない。

肩よりヒジを上げて投げよう

NG

よくピッチャーへのアドバイスとして「ヒジが下がっているぞ」という言葉を聞く。印象的な言葉なので、「投げるときは、ヒジは常に肩よりも上に」と過剰に意識してしまいがちだが、投げ出しではヒジは下にあって構わない。これは野手のスローイングでも同じだ。

野手が送球で多用するスナップスローでは、肩肘の力を抜いて、むしろヒジが下がった状態から、腕を振り出すように投げる。手のひらを外側に向け、シュート回転をかけるイメージで腕

ワンランク上の新常識✓

腕の振り出しは肩より ヒジは下がっていてOK!

を振ろう。ヒトの腕は内側に捻(ねじ)ることで関節が伸びるようになっているので、この方がヒジへの負担が少ない。水泳のクロールやバタフライで、親指から入水させるのと同じ動きだ。

近い距離のスローイングでは、肩の前でヒジを止めるようにして、ヒジから先でスナップの効いた柔らかい軌道のボールを投げよう。遠くへ投げたり、強い球を投げる時には、そこから体の反対側へ振り抜くような腕の軌道にする。

遠投をすれば肩が強くなる

NG

ノーバウンドで届かないような距離を無理に投げようとすると、ヒジや肩の故障の危険性が高まるので気をつけたい。遠投では助走をつけ、しっかりとステップして体全体を使って投げるようにしよう。無理にライナーで届かせようとせず、山なりで投げたり、ワンバウンドやツーバウンドで投げるのもオススメだ。

当然ながら、近い距離のキャッチボールよりも、遠投の方がコントロールは難しくなる。リリース時にはほんの少しのずれでも、距離が伸

ワンランク上の新常識

頑張って投げすぎると ケガをしてしまう!

びれば、到達時には大きな幅になるからだ。力加減を調節しながら、遠投でも正確に投げられるようにしたい。

スポーツテストのような測定会や記録会であっても、全力投球は避けたい。100%の力で投げようとすると、力みによりフォームを崩すことが多く、かえってベストな結果を出すことが難しい上に、ケガのリスクも増す。力を抑え気味にし、ステップや体重移動、リリースのタイミングに気をつける方が結果につながるはずだ。

座間ひまわり野球倶楽部について

ここでボクが代表を務める座間ひまわり野球倶楽部について書かせて頂きますね。

長年、すでにチームに在籍している小学生に野球教室をする中で、選手たちやその保護者の方から、チーム運営や技術指導のことなど小学生の野球事情をたくさん聞かせてもらいました。

試合の出場機会に差があることや強制的な技術指導があること、長い拘束時間や欠席することが許されない雰囲気など。当番、お手伝い、車出しなどの保護者の負担などもあります。とはいえ、少ない活動費の中で運営の方々もご自身の休みを返上して指導に当たられており、この少年野球という文化が日本の野球を支えてきたことは間違いないことです。でも、その形が変わらない文化自体が時代の流れに合わなくなってきているではないでしょうか。

そこでボク自身が野球チームを立ち上げて、子ども達もそこに関わる大人達も純粋に野球を楽しめるような環境づくりをしたいと考えたわけです。

2023年現在で創部から5年が経ちまして、今や幼稚園生から中学生までたくさんの選手が在籍してくれています。

創部に当たっての一番の大きな決断は「既存の野球連盟には所属しない」と決めたことです。連盟に所属することは大会に出場することが大前提です。これがチーム運営の柱になると全てが大会中心に動くことになります。部員確保、練習内容、選手起用、活動日程も全てが大会出場のためとなるわけです。もちろん試合に勝つことが喜びとなり、子どもたちを成長させることになることはよくわかります。でも、それが子どもたち発信ではなく、大人がどうしたいのかという視点に見えることに違和感があります。

連盟に所属していなくても練習場所は行政の施設を借りることはできますし、ボクが指導で伺っている高校のグラウンドもお借りしたりします。近隣の中学校と合同練習や試合をやらせて頂いたり、「座間ひまわりカップ」という大会も主催して地域チームとも交流をしています。こういうことができない方々にとっては連盟所属するメリットがあるのかもしれませんが、SNSで少年野球チームが練習試合の相手を探す時代ですから難しくはないと思います。

同じような考えを持った仲間が増えてくれて、子どもたちの選択肢を増やしてあげられるような環境づくりを進めていきたいです。

第2章

バッティング

コーチはどうしても自分の好みを教えたがるもの。
プロ野球選手だって打ち方は人それぞれ。
小学生のうちは将来への可能性を伸ばすことが大切だ！

素振りが基本。しっかりとバッティングフォームを固めよう。

誤解（ごかい）を恐れずにいえば、素振りは上級者向きの練習である。なぜか。素振りというのは、打撃フォームを固めるための練習だから。すなわち、自分の目指すべきスイングが分かっていてこその練習なのだ。

野球を始めて間もないジュニアの選手は、どんなスイングをすれば、どんな打球が飛ぶか、ということを理解していないことの方が多い。これでは、素振りを重ねても、打てないフォームを固めてしまう、という事態になりかねない。

ワンランク上の新常識

素振りは上級者の練習。柔軟にいろんな打ち方ができるようになろう！

実際の試合では、自分のタイミングや体勢で打てることはほとんどない。同じ球を同じように空振りし、三振してしまうのは、自分のスイングを変えることができない悪い典型。練習では、素振りよりも、実際にボールなどを打つようにしたい。軟式球を打てる環境がないのであれば、丸めた新聞紙やピンポン球、バドミントンのシャトルなど、どんな物でもいい。実際に打ち、結果が出るもので練習するのがオススメ！

常にフルスイングをしよう

NG

投げるときの全力投球と同様、スイングも全力で振ってしまうと、バットコントロールは難しくなる。また、やみくもなフルスイングは、腰を痛める危険も伴(ともな)う。重いバットを使ってのスイングともなれば、危険性がさらに高まるので注意したい。

フルスイングをする理由は「強い打球を打ちたい」「振り遅れないようにしたい」といったところだろうが、フルスイングをしたからといって、スイングスピードが速くなる訳ではない。

ワンランク上の新常識

インパクトを大事にしよう！

多くの場合、問題は始動のタイミングや、バットの振り出し方にあるのだ。

速く振ろうとする意識が強すぎると、振り出しで力が入ってしまい、結局はバットが出てこなくなってしまうものなのだ。一番、スピードを出したいのはインパクトの瞬間。飛行機が飛び立つように、力を抜いたところから徐々に加速していくイメージが大切である。実際の投手の投げるボールにはスピードがあるので、それを反発させて打球を飛ばすような感覚が欲しい。

バッティング③

斜め前からボールを投げてもらうティーバッティングは有効な練習のひとつ

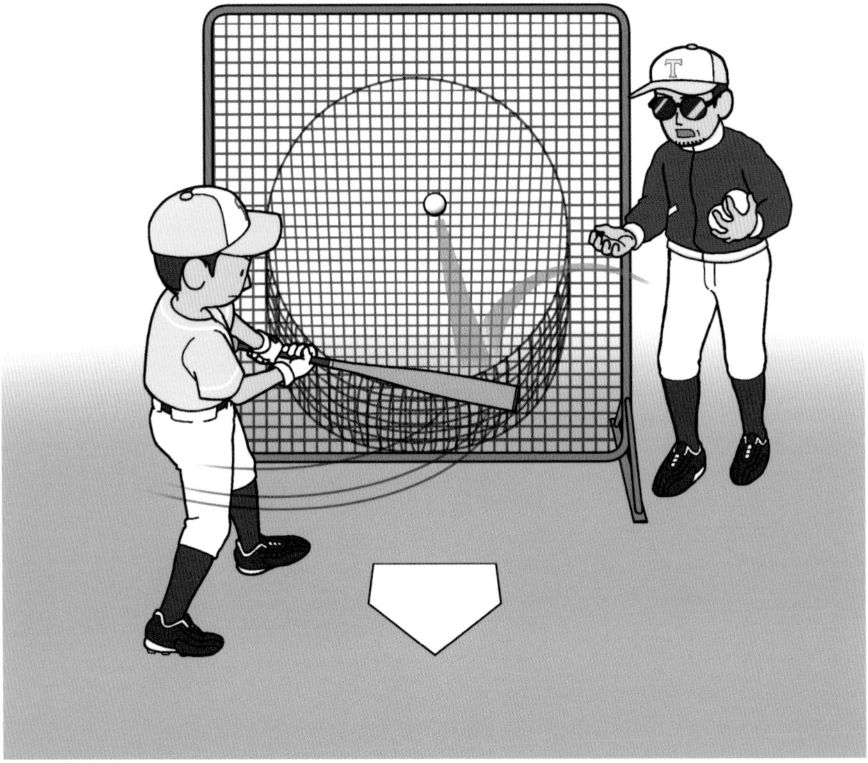

チームメイトやコーチにトスを上げてもらうティーバッティングは、一見、取り組みやすい練習ではあるが、実は素振り同様の難しさがある。試合では高低・内外角に投げ分けられた球が来る上に、緩急差もある。実際の打席では、それらをコースに応じ、さまざまな方向に打ち分けたいのだが、ティーバッティングでは、ネットの中心にボールを打ち込むことが目的になってしまいがち。これでは、ボールに反応してバットを出す感覚が養われない。

ワンランク上の新常識

投手方向からのティーバッティングで遠くに打とう!

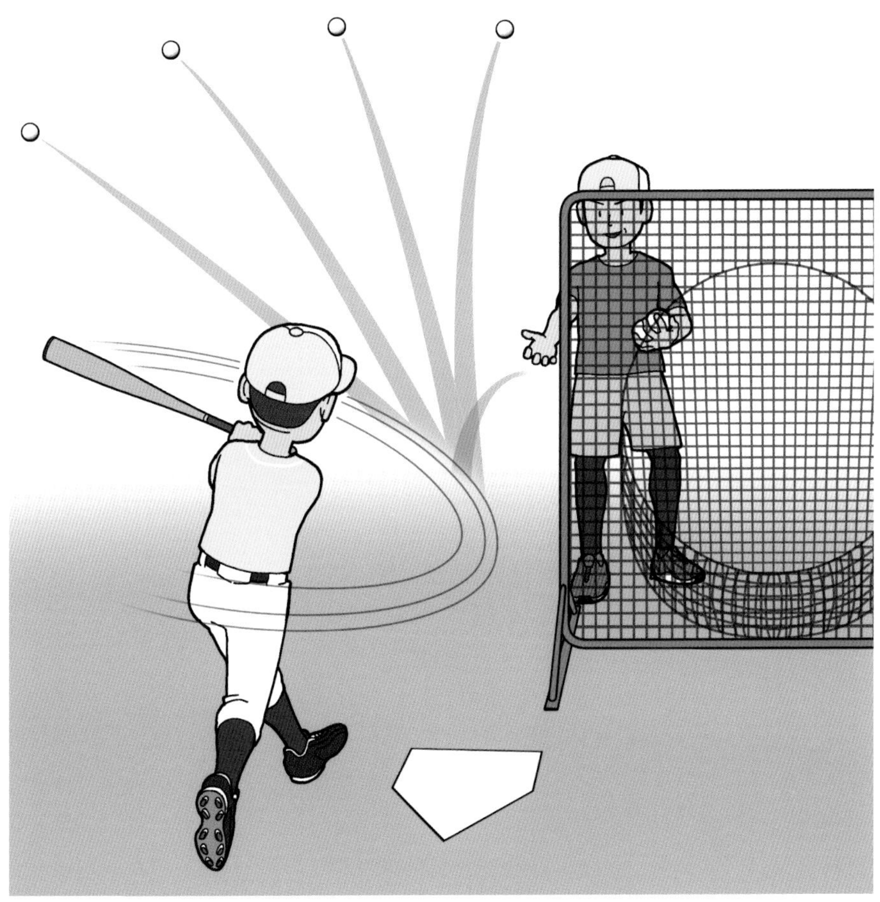

斜め前からのトスについても一考したい。この方向からだと、投げる人次第でインパクトの場所が１点に決められてしまうため、打者が自分で調節することが難しくなる。また、トスを上げている人が近いので、打球が当たってしまう可能性もある。

集球ネットを使わずロングティーにしたり、防球ネットを使って投手方向からボールを出すようにするなどの工夫で、実戦に近い感覚でバッティング練習は可能。ぜひ試してほしい。

バッティング④

大谷翔平選手みたいにノーステップ打法で打とう

NG

体重の少ない小学生がノーステップ打法では強い打球が飛ばないので、オススメではない！

「ノーステップ打法」という言葉のイメージで、体重移動せずに、その場で回転すると勘違（かんちが）いしている人がいるようだが、そうではない。実際には足を上げないながらも、しっかりと体重移動をすることで、ボールを飛ばすパワーを生み出しているのは同じ。大谷翔平選手（エンゼルス）も右足のかかとを上げ、それを踏み込んで体重移動している。ただ、足を上げるこ

ワンランク上の新常識

打つときは体重移動を大きくとろう！

とで、一旦、全体重を軸足に乗せる打ち方に比べると、体重移動の量そのものが少なくなるので、体重の軽い小学生では、充分なパワーを生み出すことが難しくなってしまう、というわけなのだ。

プロ野球選手でも一本足、振り子、すり足、ノーステップなど、いろいろな足の上げ方やステップの仕方を体格や体重、身体能力に応じて選んでいる。いまの自分に合った打法を身につけよう。

ボールを引き付けて打とう

昭和の時代、プロ野球の世界では「前でさばく」というバッティングが主流だった。平成になると、投手の投げる球種が増えたことにより、「引きつけて打つ」というバッティングが主流になる。令和のいまも、この「引きつけて打つ」ことを前提とした指導は少なくない。

とはいえ、実戦では、投手は打者を打ち取るために、いろいろな球を投げてくる。同じ投手が投げるストレートでも、1試合で同じ球が来ることはない。それらを全て引きつけて打

ワンランク上の新常識

真ん中〜低めは前でさばかないと詰まる!

とうとするのは至難(しなん)の業。確率を上げるためには、コースによって、打つポイントを変えられることが大事になってくる。高めを体の近くで打つ準備をしながら、真ん中から低めにかけては、体から離れた前のポイントでさばく——といった具合だ。

早く打ちに行き過ぎて、身体が開いたり突っ込んだりするのは困るが、始動のタイミングを早くして、ボールを長く見ようとする感覚は大切である。

バッティング⑥

逆方向に打とう

NG

プロ野球で逆方向に打つのがうまい繋ぎの打者も、高校まではホームランバッターだった、などというケースは多い。かつて遠くに飛ばしていたスラッガーが、厳しいプロ野球の世界で生き残るために、自分の役割として、逆方向に打つ技術を極めるのだ。

小学生の時はとにかく、打つ方向を決めずに、どんどん好きなように打っていきたい。しっかりと引っ張れる打者は、逆方向にも強い打球を打てるが、引っ張れない打者はどちらにも弱い打球しかいかないもの。打てない打者が逆方向に打とうとすると、詰まった打球に

ワンランク上の新常識

力強く引っ張れよ!!

なったり、ヘッドが下がり、こすったような弱い打球になってしまう。

自分が狙ったところに打つというのは、練習で同じ球が来ても難しいもの。まして、試合で打ち取ろうとして投げてくる投手の球ともなれば、超高等技術である。強いインパクトを心がけ、ちょっと差し込まれたり、遅れたりしたボールが、自然に逆方向に飛んでいった、くらいのイメージでよい。

バッティング⑦

バッターボックスではホームベースに近づいて立とう

プロ野球でホームベースにピッタリと張り付いている打者はあまりいない。それでは速い球や内角球が打てなくなってしまうからだ。「外角に届かないからホームベースに近づいて打つ」というのは安易(あんい)な発想。実際には、腕の長さとバットの長さを足すと、低学年の選手でも充分に外角のボールにもバットが届く長さになる。届かないのは物理的な問題ではなく、技術的な問題なのである。

実際に試してみると、ホームベースから離れた方がバットを出しやすく感じるはずだ。ホームベースに近づくと、真ん中のコースが内角

ワンランク上の新常識

ホームベースから少し離れた方が外角も打てる!

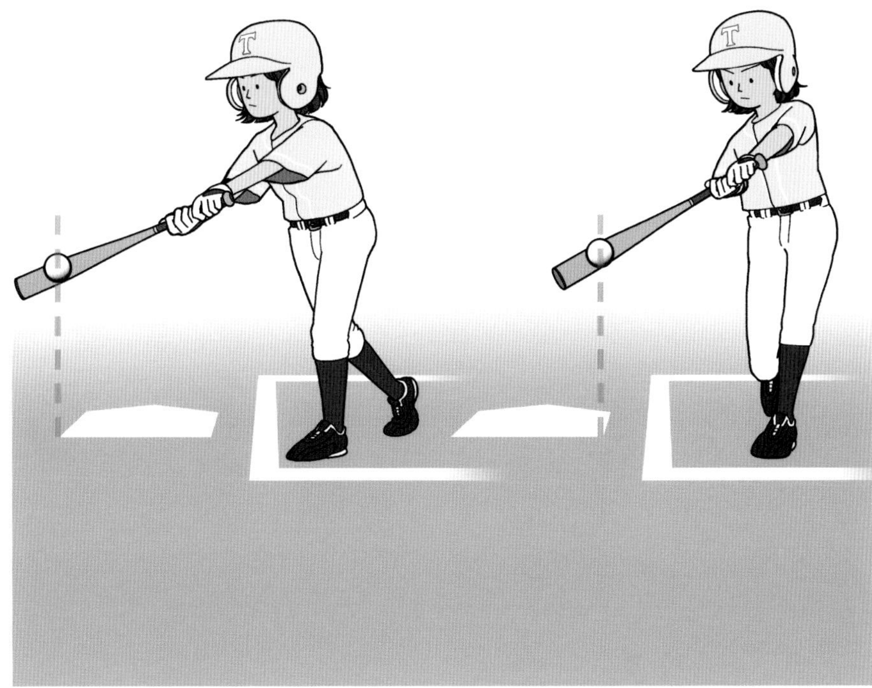

に感じるように窮屈になり、バットを出しづらい。また、ホームベースに近づくほどボールが速く感じ、恐怖感も増す。

駅のホームを通過する新幹線をイメージしてみよう。間近で見るほど速く感じるのと同じだ。

投手の側から見ても、打者がホームベースに近くにいると目標物ができ、投げやすくなる。良い打者はホームベースから離れて立つので、距離感がつかみにくく、投げにくかったりするものなのだ。

バッティング練習の時はボールを見極めてストライクだけを打とう

NG

少々乱暴な言い方だが、ボール球を打つ練習は、バットコントロールを身につけるのに役立つ。

ど真ん中に来たボールは、どんな振り方でも当たる可能性がある。一方、ボール球は限られた振り方でしか当てることができないので、必然的にスイングを変える感覚が身につく、というわけだ。ヒットにするのは難しいかもしれないが、ファウルにすることはできるはずである。

試合では差し込まれたり、タイミングがずれたりと、体勢を崩(くず)されることがほとんど。一流のプ

ワンランク上の新常識

全部振れ!!

ロ野球選手であっても、完全に自分のタイミングで打てるのは1シーズンを通しても、数えるほどだと言われている。

いろいろな振り方ができようになると、試合になってもボール気味の初球も積極的に振ることができるようになる。特に高めのボール球は長打になりやすいので、手を出していこう！　また、どんな球でも振っていける選手は、自分の意志で見逃すことができるので、自然と選球眼も良くなるものだ。

バッティング⑨

ピッチャー返しやセンター返しを意識して練習しよう！

打てない打者がピッチャー返しやセンター返しを意識しすぎると、詰まった打球になったり、逆方向に弱い打球しか行かなくなったりすることが多い。小学生であれば、打球方向を気にせず、どんどん振っていきたい。

まず、練習の時は基本的に引っ張り方向に強い打球を打ちたい。良い打者のフリー打撃は、引っ張り方向に強い打球が行くものだ。内角から真ん中にかけては全て引っ張り方向に、外角のストライクになるギリギリの球はセンター

ワンランク上の新常識

内角は引っ張ろう!!

に打ち返す、くらいのイメージでちょうどいい。

緩い球を打つ練習では、高い弾道の打球を打つ意識を持ち、少し速い球を打つ時にはライナーを打つ意識を持とう。ただ、試合のような速球を打つ練習は、あまりおすすめしない。速いボールに負けないように、力むクセがついてしまうことが多いのだ。ちなみに、プロ野球選手も150kmの速球を打つ練習はせず、打撃投手が手前（12m程度）から投げる球を打つ練習がほとんどである。

バントが上手になれば打つのもウマくなる

NG

少年野球の試合でも、戦術的によく用いられるバント。ボールをよく見て、しっかりとバットに当てて転がすことが求められる。この「ボールをよく見る」部分が、打つことにもつながることから、バント練習を勧める指導者は多いが、これは順序が逆。バントはどういうインパクトをすれば、どういう打球になるかを知り、その実践を求められる、応用技術なのだ。

止まった状態で構え、バットにボールに当てるのはとても難しいが、バントはさらに「フェ

ワンランク上の新常識

順番が逆で打つのが先！バッティングが上達すればバントはその後にウマくなる!!

アゾーンに」「必ず転がす」ことが求められる。加えて、ヒッティングであれば、いくらファウルを打ってもアウトにならないが、バントは3回しかチャンスがない。速球投手やコントロールの良い投手が相手だと、さらに難しくなる。

セーフティバントから練習するのはオススメだ。最初から止まって構える送りバントに比べ、セーフティバントは動きながらバントをするので、タイミングが取りやすいのだ。

バッティング⑪

試合でボール球は振るな

プロ野球の好打者を見ていると、初球にとんでもない空振りをしながら、最終的にはうまくボールを捉えてヒットを打つ――というシーンが少なくない。打撃におけるタイミングは、ボールを見て合わせるのではなく、スイングしながら合わせていくものなのだ。「ボール球は振らない」という消極的な考えは、スイングを躊躇するクセをつけてしまうことにつながりかねない。

カウント３－０から四球狙いで一度もスイ

ワンランク上の新常識

振っていくことでタイミングを合わせよう!

ングせずに3－2になり、打ち取られるケースも多い。状況によっては明らかにストライクが入らない投手もいるので、あえて1球見逃すというのはアリだろうが、3－1になったら、ファウルや空振りでもいいので振っていきたい。これが相手バッテリーへのプレッシャーになり、四死球がもらえたり、甘い球が来る確率が上がるのである。四死球というのは、振っていってこそもらえるもの。振ってこない打者ほど、投手が楽なものはない。

バッティング⑫

転がせば何かが起きる

よしよし。転がせば何かが起きる。

NG

強いチームはエラーしないので、何も起きるわけがない!!

……というのは極論だが、転がすことを優先するのは、ヒットを打つことよりも、相手守備のミスや、何らかのハプニングを期待する消極的な選択なので、あまりオススメできない。塁上に走者がいる時でも、小学生のうちから長打を狙って積極的に打っていく習慣をつけたい。小さな頃から消極的な選択を重ねてきた選手が、中学生や高校生になって、突然、タイム

ワンランク上の新常識

小学生のうちは遠くに飛ばすのがバッティングの楽しさだ!

リーを打てるようになるわけがないのだ。

打撃の楽しさはボールを遠くに飛ばすことであり、難しい球にもうまく対応することである。試合でもどんどん振っていこう!

大切なのは、仮に打てなかったとしても、落ち込まずに、また次のチャレンジをしていくこと。積極的な打撃の結果として打ち損じることは、決して悪いことではない。そもそもバッティングは低確率なもの。4打席に1本でもヒットが出れば充分なのだから——。

バッティング⑬

初球はしっかりとボールを見よう

少年野球では、「一球待て」のサインを頻繁に出したり、2ストライクまでスイングをしないような戦術を取るチームもよく見かける。その試合はそれで勝てるかもしれないが、長い目で子供の成長を考えるならば、積極的に打っていく選択を優先させたい。

特に、早いカウントや、ボール先行のカウントでは、投手はストライクゾーンに投げてくる可能性が高い。好球は迷わず振る習慣をつけよう。投手や捕手も、迷いなく振ってくる打者

ワンランク上の新常識

空振りでも初球から振ってくるバッターの方が相手は嫌なもの

は嫌なもの。ファウルや空振りになってもいいので、振っていく姿勢を見せよう！

初球の甘い球を見逃し、次にきた難しいボール球に手を出してしまうのは、良くないパターン。そんなときは気持ちを落ち着け、2ストライクまで振らないつもりでいくのがオススメ。そこから粘って、カウント2－2まで持って行くことができれば、今度は打者優位になってくる。そうした場面では、ベンチから打者への前向きな声掛けも大切だ。

高めには手を出すなよ！

投手の指導では、よく「低めに投げろ」と言われる。これは「高めは長打の恐れがあるから」ということにほかならないのだが、なぜか試合では、打者に対して「高めには手を出すな」という指示がよく聞かれる。これは明らかな矛盾(むじゅん)。高めはむしろ、積極的に振っていくべきなのだ。

高めは打つポイントを体の近くに合わせて、上から振り出す準備をしておく。このインパクトができれば、打球は強いライナーや、ホームラン性の高いフライになる。実際には、グリップ

ワンランク上の新常識

長打になりやすいので、積極的に振ろう!

よりも多少、ヘッドが高い位置に来るようになるだけだが、感覚的には、イラストのようなインパクトをイメージする必要がある。

小さい子供が初めてバットを振る時には、背負い投げのように上から振り出し、ボールにぶつけに行く。このインパクトができているのだ。それにもかかわらず、野球を本格的に始め、さまざまな指導を受けるにつれて、この振り方ができなくなってしまう。まさに「初心忘るべからず」なのだ。

道具の選び方（グラブ、バット）

バットの選び方で大切になるのは「長さ」「重さ」「バランス」の3点です。

長すぎたり、重すぎたりするとバットを振れなくなってしまいます。しかし、短すぎたり、軽すぎたりすると飛距離が出なくなってしまうのでバッティングの面白味が減ります。これを上手く解消するために長めで軽いものを選ぶという方法や短くて重めのものを選ぶという方法もあります。

一番難しいのがバランスをみることです。重心がバットの先の方にあるものをトップバランス、グリップの手元の方にあるものをカウンターバランス、その中間をミドルバランスと呼びます。この重心の位置によって重さの感じ方が変わるのです。バットが同じ重さ・長さであってもトップバランスの方が重く感じますし、カウンターバランスの方が軽く感じます。

例えば、大工道具の金づちはトップバランスです。先の金属部分の重さで余計な力を入れなくても、釘を打つことができるわけです。バッティングも同じでバットの重さを利用することで強いインパクトができるようので、トップバランスのものがオススメです。

グラブの選び方で大事になるのは「大きさ」「重さ」「硬さ」の3点です。

子どもの靴や衣服は成長を見越して大きめを買ってしまうことが多いです。手に合わないような大きいグラブでは指の力が伝わらず開閉することが難しくなっています。手を入れた時に小さいかなという思うくらいのものがちょうどいいです。もし少し大きめなのであれば、守備手袋をすることで多少の大きさの調整をすることもできます。守備手袋は手の汗を吸ってくれるので、革を保護するという観点でも有効です。

そして、グラブは重すぎるものも良くありません。小学生は腕の力が弱いのでグラブが操作しにくいですし、手にはめているだけで疲れてしまいます。低学年では守備をしている時にグラブが手から落ちてしまうなんてこともありますので気をつけてほしいです。

革はグラブが開閉しやすい柔らかいものがオススメです。大人であれば自分で使いながら手に馴染ませて軟らかくすることもできますが、子どもには難しいです。本革でない素材でできているグラブや素材が一部だけ布製になっているものであると、最初から柔らかいので使いやすいです。

第3章

守備

いちばん大切なのは未来あるキミたちがケガをしないこと。
次に大切なのがアウトを取ること。
「捕る→投げる」をセットでアップデートさせよう！

守備①

打球は体の正面で捕ろう!

転がってくるゴロに正対し、体の中心でグラブを構えて腰を落とす——。この捕り方では、勢いあるボールと衝突しやすくなるだけでなく、足が揃(そろ)ってしまったり、打球を追い越すことも多くなる。また、一度止まってから捕球するので、強い送球が難しい。

右利きの場合、体の左斜め前にグラブを出し、片手のフォアハンドで捕る準備をする。左足を引いた半身(はんみ)の体勢ならば、ボールを斜めから見るので距離をつかみやすく、恐怖心も小さく、捕れなかった時に体に当たる危険も少ない。さらに、グラブを前後に動かすことで、奥

ワンランク上の新常識

左斜め前で捕る練習をしよう！

行きが使えるので、打球の変化にも対応しやすくなる。

また、この捕球体勢ならばステップと握り替えのタイミングも合わせやすく、力まずに強くて正確な球が投げられる。

捕球時、必要以上にガッチリと捕ろうとすると、グラブが閉じてしまい捕れなくなる。ボールを捕るときには、手や指は可能な限り力を抜いておく。ボールがグラブに入った衝撃でグラブが閉じる、くらいの意識でちょうどいい。

ゴロは両手で捕ろう!

最初から両手で捕りにいってしまうと、守備範囲が狭くなってしまうので気をつけよう!

57ページで説明の通り、基本は体の左斜め前、片手のフォアハンド。もちろん、この体勢で構えている場合でも、打球がイレギュラーすれば、正面で両手捕球することもあるし、速い打球が右側に飛んだ場合には、バックハンドで捕球することもある。予測できない、いろいろな打球に対応するためにも、この構えがベストなのだ。

ワンランク上の新常識

片手で捕る準備をしよう!

速い打球を待って捕るときや、ダブルプレーなどで近くのベースに投げたり、トスしたりする時など、打球を待って両手で捕ることもある。この場合も、グラブは体の正面ではなく、左足を引いた状態で体の左側で準備する。こうしておけば、打球がイレギュラーした時にもグラブを前後に動かせるので対応しやすい。

例外として、軟式特有の激しくスピンのかかったポップフライは、グラブで弾く可能性があるので、両手で捕るようにしよう。

ゴロ捕球の時はできるだけ腰を低くして捕ろう

これも誤解しないよう気をつけたいところだが、目的は「腰を低くする」ことではなく、「グラブが地面につく低い位置で構える」こと。プロでも一見、腰が高いまま構えているようにみえる選手は少なくないが、グラブさえ地面についていれば、打球には対応できるのである。

気をつけたいのは、小学生の選手には多いのだが、腰を低く構えることにこだわるあまりに、打球に対する動き出しが遅くなってしまうこと。構えている時は、足踏みしたり、小刻みにジャンプしたり、後ろから前に1～2歩出たりと、止まった状態ではなく、動きながら打球を待ちたい。

ワンランク上の新常識

グラブが地面に着いていればOK

第1章
第2章
第3章　守備
第4章
第5章

テニス選手がサーブを待つときに使う「スプリットステップ」も有効。インパクト前に軽くジャンプしてから打球を見るようにすることで、リラックスして打球判断ができるようになる。

※スプリットステップ

相手がボールを打つ寸前に軽くジャンプし、足を開いて着地することで、さまざまな方向に素早く反応して動き出せるようにするステップのこと。67ページでも説明しています。

守備④

打球や送球は捕れなくても体で止めよう

ケガをするので絶対にやめよう！

打球は捕らないとアウトにできない。まず捕りにいくことが大切である。難しい打球だと、グラブに当てて弾いてしまうこともあるが、これは仕方がない。ボールに対して57ページのようなアプローチができていれば、弾いてもボールは送球したい方向に転がるので、拾ってから送球すればアウトになる可能性も残せる。

二塁、三塁、本塁への送球では、明らかにアウトにならない低いバウンドの場合、あえてベー

ワンランク上の新常識

目先のアウトより ケガ防止!!

スから足を離して、ボールを止めに行って構わない。後ろに逸らしてしまうことで、余計な進塁を許さないためである。その時も、体の中心で止めるのではなく、左足を引いた半身の体勢で、体の左側でグラブに利き手を添え、奥行きを出しながら止めるようにする。決して体だけで止めに行くのはやめよう。

ただし、一塁手の捕球は例外。常にフォースプレーなので、可能な限り、ギリギリの送球でもベースから足を離さず、捕りにいく心構えを持とう！

捕ってからすぐ投げよう

捕球からステップ、送球までの流れはスムーズに運びたいが、スピードを優先するあまり、確実性を犠牲(ぎせい)にしてしまうような動きは避けよう。準備が不充分なまま送球し、強い球が投げられなかったり、悪送球で事態を悪化させてしまうのは避けたい。ヒトが走る速度より、ボールの方が確実に速い。そこまで慌てる必要はないのだ。

加えて、力んで投げ続けることは、肩やヒジの故障の危険も高まる。だからこそ、57ページで説明したように、捕球した流れで送球できる

ワンランク上の新常識

しっかりと助走をとって投げよう

ような捕り方を身につけておきたい。基本の動きが身につけば、ランニングスローや、わざと多めにステップして投げられるようにもなる。捕球した体勢に応じて、いろいろな投げ方ができるようにしたい。

もちろん、ギリギリのバックハンドで捕球した後は、ノーステップやワンステップで送球しても構わない。そのときは、無理にノーバウンドで投げず、落ち着いてワンバウンドやツーバウンドで投げるようにするのがオススメだ。

守備⑥

ノックを受ける時も打球方向を予測しよう

打球に対する反応は速いほど良いが、小学生選手は「素早く捕りに行こう」と考えるばかりに、打球のコースが予測できるノックでは、コーチが打つ前に、打球の飛ぶ方向へ動き出してしまうようなケースがある。

実際の試合では、投手が投げ、打者が打った打球を見てから動き出すので、これでは打球に対する反応の練習にはならない。また、むやみやたらと前に出てしまうと、バウンドに合わせることができずに行き過ぎてしまったり、打

ワンランク上の新常識

インパクト(打球)を見てから動き出そう!

球と衝突してしまうことが多くなる。緩いノックであっても、打球を見て、最初の一歩を遅らせるくらいの意識を持つようにしよう。そうすることで、試合でも落ち着いて打球に反応できるようになる。

61ページで紹介したスプリットステップも有効。インパクトの直前にジャンプし、ボールとバットの当たる瞬間を見るクセをつけるのだ。構えている時のリラックスするための動作も自分に合ったものを見つけよう。

守備⑦

送球する方向に真っすぐステップして上から投げよう

NG

送球方向

試合での動きを想定すると、内野手の場合、送球のほとんどはサイドスローで済む。とくに、57ページで解説している「体の左前で捕る」形でゴロを捕ることができれば、捕球からスムーズな流れでステップし、投げることができる。この場合、体は送球方向に開いた形となるが、体勢的にも無理なく、強く正確な送球ができるはずだ。

外野手はバックホームのイメージが強いので、上から投げるイメージを抱きがちだが、実際のプレーでは、捕球から素早く内野に返球するとき、例えば「ライトゴロ」で一塁に送球する

ワンランク上の新常識

送球する方向に体を開いてサイドスローで投げよう

ときなど、実際にはサイドスローで投げるケースも多い。

吉田正尚(よしだまさたか)外野手（レッドソックス）がよく見せる、フォアハンドで捕球し、そのまま走りつつクルリと反転してサイドスローやアンダースローで内野に返球するプレーも印象深い。

投げる方向に真っすぐにステップし、上から投げるケースは内野のバックハンド側に飛んだ深い打球を踏ん張って投げるときと、外野のバックホームくらいだろう。

守備⑧

体の右側の打球は全てバックハンドで捕る

NG

プロ野球では、体の右側に飛んだゴロを、わざと待ってバックハンドで処理するプレーを見ることがある。少年野球では、これはオススメできない。ひとつは、プロが使うグラウンドは人工芝も多く、常にしっかり整備されているが、少年野球では整備の行き届いていない土のグラウンドも多く、イレギュラーバウンドする打球も多いため、待たずに素早く打球にアプローチしたいから。もうひとつは、バックハンドで捕った場合、一度、止まった状態で投げ出す形になり、体の強さが必要になるからだ。

繰り返しになるが、可能な限り回り込んで体

ワンランク上の新常識

回り込める打球は片手のフォアハンドで捕ろう

勢をつくり、57ページの「左斜め前で捕る」形にしたい。そもそも、ジュニア選手や初心者にとって、バックハンドは難易度（なんいど）が高いもの。グラブは利き手ではないので操作が難しく、グラブを開閉する握力も、グラブの重さを支える筋力も必要になるためだ。

もちろん、回り込むのが不可能なときはバックハンドで処理する。そのとき、無理にノーバウンドで投げず、ワンバウンドで投げる練習もしておこう。

ゴロはバウンドの落ち際で捕ろう

ゴロの捕球は、バウンドの上がり際、いわゆるショートバウンドに合わせて捕るのが一番捕りやすい。合わないときは、落ち際に合わせるようにしよう。

ショートバウンドしたボールは勢いがあるのでグラブに収まりやすく、また、基本的にグラブを前に動かしながら捕るので、送球動作に移りやすくなる。自然と低い重心で構えるようになり、グラブが下から出るようになるのも利点だ。

内野手はもちろん、外野手も送球動作への移行を考えると、ショートバウンドで捕ったと

ワンランク上の新常識

上がり際(ショートバウンド)に合わせる

きの方が強いボールを投げることができる。二塁への盗塁に対する、捕手の送球を思い浮かべてほしい。実はこの時も、ショートバウンドの捕球からの方が良い送球ができるものだ。

上がり際に合わないときは落ち際で、となるが、バウンドの大きさによっては、時間がかかってしまうことも。人工芝のグラウンドなら、この中間のハーフバウンドで、グラブを上から被せるように捕る技術もあるので、これも練習してみよう。

ギリギリの打球は頭からダイビングキャッチだ！

NG

ケガが怖いので、ダイビングキャッチは絶対にやめよう！

小学生がプレーするグラウンドは、プロ野球のようにキッチリと整備された状態ではない。ケガをすると自分もつらいうえに、試合に出られなくなれば、チームにも迷惑をかけてしまう。

そもそも、ダイビングキャッチは捕球できたとしても、起き上がって送球するのに時間がかかるうえに、捕れなければ、打球が後ろに逸れてしまうことが多く、メリットは少ないのだ。

オススメは足からスライディングしての捕球。こちらの方がケガの危険も少なく、滑(すべ)った

ワンランク上の新常識

足からのスライディングキャッチをしよう!

勢いで素早く送球でき、捕れなくても後ろに逸(そ)らしにくい。

ただし、スライディングの勢いのまま全力で投げると、力余って暴投になる危険が高いので、ギリギリのタイミングで捕球したら、落ち着いて投げる練習もしておこう。

内野手もフォアハンド側の打球ならば、この捕球が可能。内野手が捕れそうもない打球に対し、頭からダイビングするのは考えものだ。走者がいるときならなおさら、次のプレーの準備をするのが良い選手である。

守備⑪

送球はベースをまたいで待とう

NG

高校野球や、プロ野球でさえも危険な場面をよく目にするが、走者と交錯(こうさく)する危険があるので、絶対にやめよう！　走者がスライディングしてくるベースの面は必ず開けるようにして、小学生のうちから安全なプレーを心掛けよう。

本塁の場合は「コリジョンルール」により、捕手がホームベースの前で送球を待つことが周知されている。一塁手の場合も、牽制球で走者をブロックしないという意味合いでも、投手寄りの位置で待つのが一般的だ。二塁、三塁は盗塁の場合、待つ位置はほぼ一定なので練習しやすい。二塁打や三塁打のときには、送球と走者の位置関係により、待つ位置を変

ワンランク上の新常識

ベースの前で半身(はんみ)で待とう

える工夫をする。

安全面だけでなく、ベースの前に出て半身で待つことにより、送球の力を利用して素早くタッグ（タッチ）できるメリットもある。シートノックの時から意識して、タッグする練習をしておくのがオススメだ。

※コリジョンルール

捕手が走者の走路をふさいだりブロックしたと審判が判断した場合、走者はセーフとなる。プロ野球では2016年に採用。

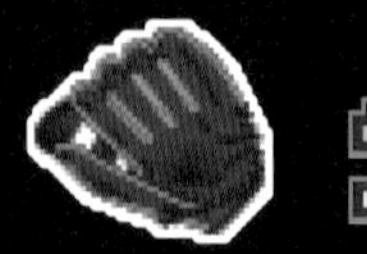

グラブの手入れ

グラブの手入れで大切になるのは「湿気」「オイル」です。

グラブは革製品なので湿気が大敵になります。グラブが重くなってしまったり、革が傷んだり、臭いの原因にもなります。手も汗をかくので、一日使うとかなり湿っぽくなります。グランドでも土や草の上に置くのも、湿気を吸ってしまうことになるので気をつけたいです。

家に帰ったらグラブケースやカバンに入れたままにせず、日陰で風通しの良い場所で乾燥させてあげます（お母さんに怒られない場所にしよう）。直射日光に当ててしまうと、革が傷んでしまうので注意しましょう。

日常の手入れではオイルは使わないのが大事なポイント！

オイルを塗ることがグラブの手入れをすることだと勘違いしている人が多いです。オイルは塗りすぎるとグラブが重くなりますし、使用直後に湿気を含んだ状態で塗ってしまうと湿気にフタをしてしまうことになるので逆にグラブが傷む原因になってしまいます。

グラブを使った後は靴ブラシや雑巾（ぞうきん）などで汚れを落とす程度で充分です。グラブローションと言われる汚れ落としも油分が含まれている場合があるので日常的に使う必要はありません。

特にオイルを塗る必要があるのは、色が剥げてきている部分や革が傷んできている部分です。レース（革のヒモ部分）は油分が足りないと切れやすくなるので、定期的にほどいてオイルを塗りましょう。またレースの結び目は使っていると緩んだり、革が伸びてきます。指の力が伝わりにくくなってしまうので日常的に結び直す習慣をつけましょう。

第4章

ピッチング

ピッチャーは野球の主役。
一方で最もケガをしやすいポジションでもある。
ずっと良い投手であり続けられるために、古い常識を見直そう！

ピッチング①

人さし指、中指、薬指、親指の4本でしっかり握ろう！

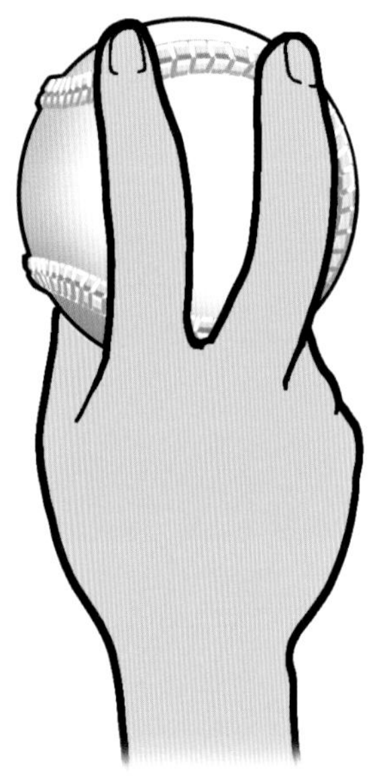

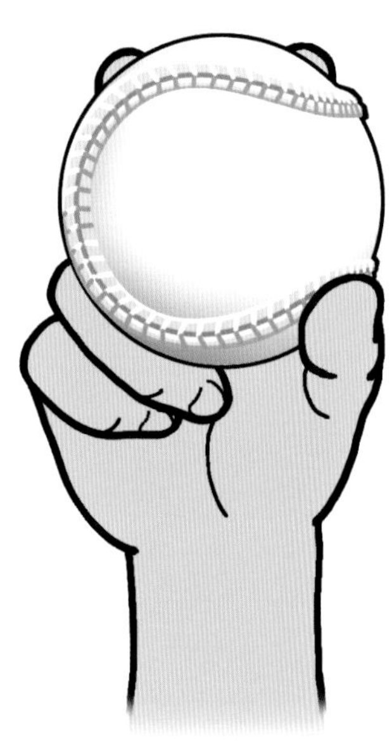

大人であれば、人さし指と中指を縫(ぬ)い目にかけ、親指と薬指でボールを支える形で握るのが一般的。しかし、小学生の手の大きさは、たとえ同じ学年であっても様々である。まだ手が小さく、大人と同じような握りができない選手もいるので気をつけたい。手の小さい選手は人さし指、中指、薬指の3本を縫い目に乗せる形で、5本指の全てを使って握っても良い。

親指の置き方は指の腹を当てる場合と内側の側面を当てる場合の2種類がある。これは

ワンランク上の新常識

小指も使って、5本指で支えてもOK!

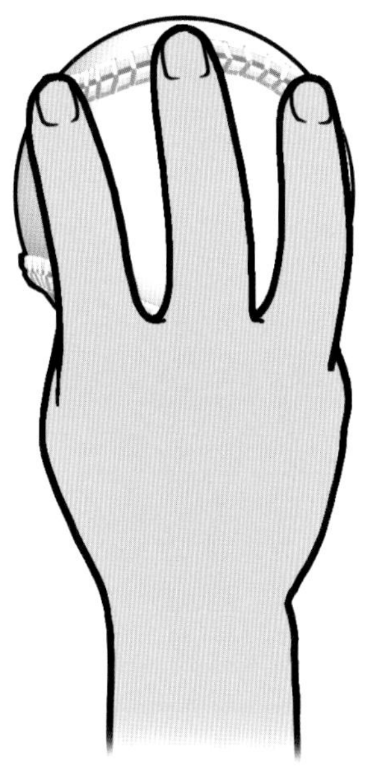

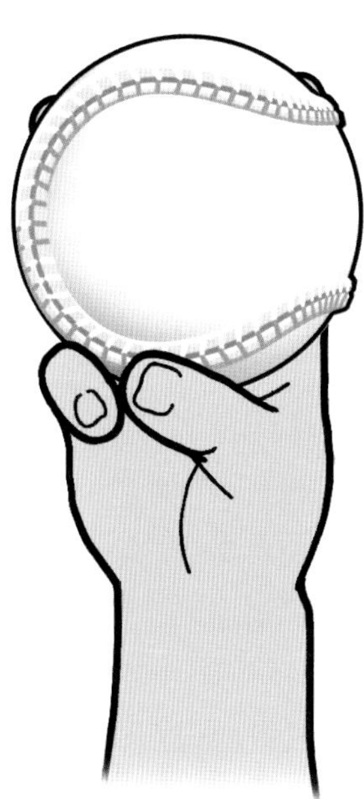

どちらが正しいというわけではないので、自分がボールを握りやすく、投げやすい方で決めればよい。

また、5本指で握っている場合は小指と親指の感覚を開けるようにすると、同じストレートでも投げ方を変えずに球速を落とすことができる。スローボールやチェンジアップを投げる練習をする時に試してみよう。

ピッチング②

シャドーピッチングをして、フォームを固めよう！

基本練習に数えられることも多いシャドーピッチングだが、これはバッティングの素振りと同様で、上級者の練習といっていい。実際に投げた球が見えないので、自分の理想的なフォームが分かっていない状況では、悪いフォームで固めてしまう可能性があるのだ。

まず身につけたいのは、リリースする時の指先の感覚。そのためには、できるだけ実際にボールを投げるのが好ましい。もし軟式球を投げられる環境になければ、柔らかいゴムボールなど、

ワンランク上の新常識

ゴムボールでもいいから投げよう！

代わりの物でもよい。目標を設定して投げれば、コントロールをつける練習は充分にできる。また、実際に投げる感覚に近づけるため、グラブは装着したい。

自宅で手軽にできる、至近距離からのネットスローも気をつけたい。ネットへの距離が近いと、地面に叩きつけるようなフォームになり、試合で投げる時の感覚とかけ離れてしまうことがあるのだ。可能な限りネットからの距離を取ったり、投げる目標の位置を高くするなど工夫しよう。

ピッチング③

ピッチング練習は投げすぎに気をつけよう！

ボールを投げる技術は、ボールを投げることでしか上達しない。そのためには球数を投げることも大切である。

心配なのはケガだろうが、これは投球フォームと力加減によるところも大きいので、正しいフォームで、力を加減しながら投げ込むようにしよう。

ピッチング練習ではストレートを80％、60％、20％と3段階の力加減で投げ分けるのがオススメである。これで力を抑えながら、

ワンランク上の新常識✓

力を抑えて、球数をたくさん投げよう！

狙った場所に投げるコントロールも磨（みが）くことができる。変化球が禁止されている学童野球では、貴重な投球術だ。

ホームまでの距離は高学年であれば16m、低学年であれば14m。この距離を投げ切れない選手の場合は80％の力加減で投げられる距離に短くすることで、誰でもピッチング練習ができるようになる。目安としては、投げ終わりのフィニッシュが乱れるような距離にならないようにしたい。

重心を低くして投げよう！

下半身を使った投球を促(うなが)す意味で使われる「重心を低く」。だが、重心を低くすることが目的となってしまうと、逆に体重移動が不足してしまうことがあるので気をつけたい。意図的に軸足のヒザを曲げてしまうと後ろに体重が残りすぎて、身体の回転が不足して肩やヒジ、腰を痛める危険もある。

投球動作における体重移動は、ホームベース方向に力を向けていくことが大切である。軸足のヒザは曲げずに伸ばしながら体重移動して、自然に曲がってしまうくらいの意識でちょうど良い。

ワンランク上の新常識

重心が高い方が体重移動がしやすい!

近年、プロ野球選手でも重心が高い投手が増えてきて、昔から言われているような下半身を粘(ねば)らせるような使い方をする投手が減ってきた。メジャーリーガーのダルビッシュ有投手(パドレス)、大谷翔平選手(エンゼルス)も高校時代から比べると、かなり突っ立って投げるようになっている。

重心が高く、踏み出し幅が狭く見えても、しっかりと体重移動ができていれば、強い球を投げることができる。

テイクバックを大きく取ろう！

NG

テイクバックを大きく取り、腕のしなりを使った投球フォームは、ボールに勢いをつけやすい一方で、リリースのタイミングが合わせにくく、制球に苦労する可能性がある。また腕の振り出しでヒジを畳(たた)むのが遅れると、ヒジや肩に負担がかかるので気をつけたい。

捕手や内野手のような小さいテイクバックでも、投手と同じ体重移動ができればピッチングすることも充分に可能である。また、リリースのタイミングも合わせやすくなるので、コン

ワンランク上の新常識

ショートアームでリリースを安定させよう!

トロールも安定しやすくなる。

メジャーリーグでも「ショートアーム」と呼ばれて、テイクバックを小さく取る投手が増えてきている。ダルビッシュ有投手、大谷翔平選手も高校時代から比べると、テイクバックがどんどん小さくなってきている。

これは外野手の送球も同じ。近い距離を素早く投げることは当然だが、遠い距離の送球も、小さなテイクバックで投げればコントロールがつきやすくなる。

長い距離を走りこんで、下半身を強くしよう！

走る体力と投げる体力は違うので、やみくもに長い距離を走ればよいというわけではないので気をつけたい。

先発完投するような投手であれば球数も投げるので持久的な体力要素も必要で、ボールをリリースする時の下半身は瞬発的な体力要素も必要になる。それを強化するためには短い距離をダッシュすることで瞬発力を高めつつ、それを繰り返すことで持久力をつけていくような複合的な走り方が有効である。

ワンランク上の新常識

短い距離をダッシュして、瞬発力をつけよう！

成長期の小学生には、ウエイトトレーニングやマシントレーニングなどの重量物を扱うものはオススメできない。自分の体重を使うようなトレーニングやエクササイズなどを補助的に行い、下半身を強化しよう。

長い距離の場合は、ゆっくりしたペースで、血流を良くして疲労回復や筋肉をほぐすことを目的に走るのがオススメである。

プレートの三塁側に立って、角度のあるボールを投げよう!

NG

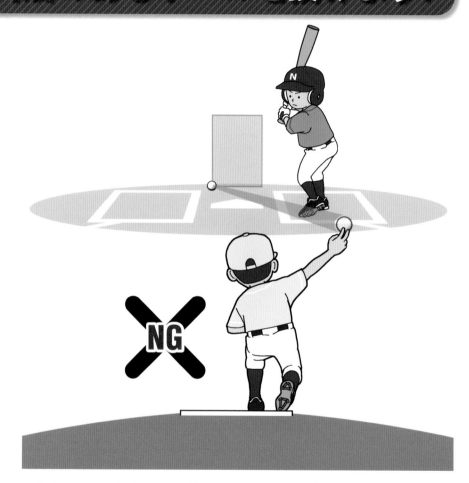

ボールに角度はつくものの、引っかけたボールになりやすく、コントロールが乱れる原因になる。ストレートを引っかけてしまうと、落ちるような軌道になり、垂（た）れた（伸びがない）球になってしまう。

一方、右投手が一塁側、左投手が三塁側に立つと、利き手がちょうどホームベースの中心あたりに来るので、真っ直ぐ腕を振る意識だけでよい。シュート系に伸びる軌道になるので高めにもコントロールしやすくなり、球速が遅くても詰まらせることができる。この立ち位置の方が、スローボールやストレートの球速を変

ワンランク上の新常識

一塁側に立って、ストライクを取りやすくしよう!

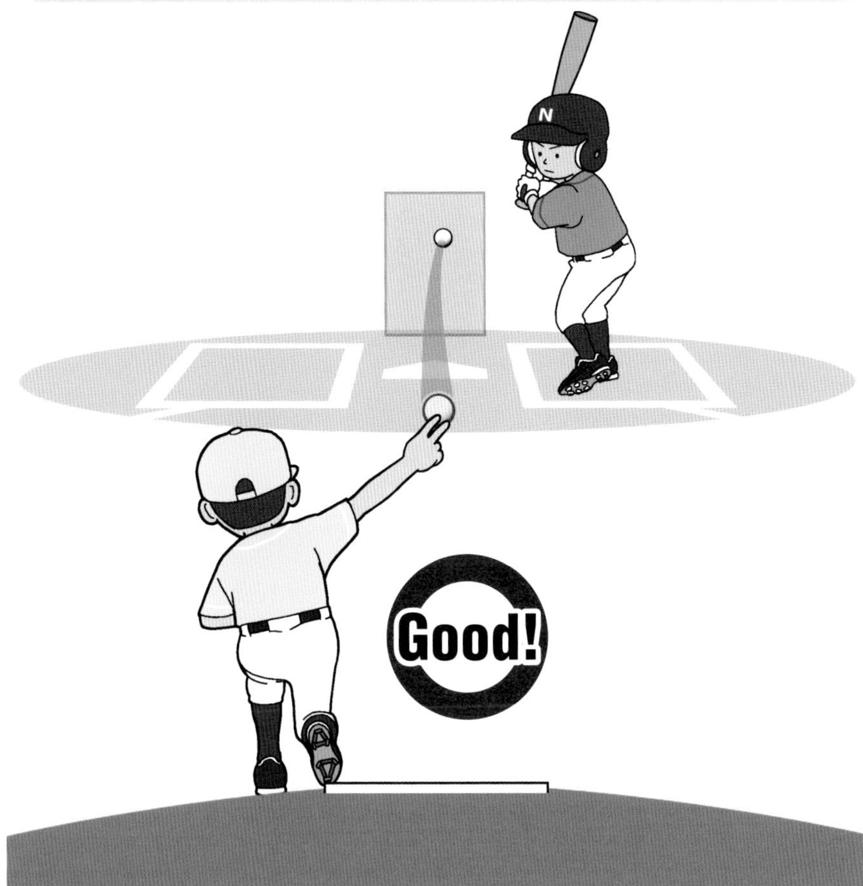

化させて投げる時も引っかけにくくなるのでオススメである。

ルール上ではプレートにつま先だけでも足の一部が触れていれば良いので、その日の調子によっても立つ位置を変えられるようにもしたい。

ヤクルトの石川雅規(まさのり)投手は同じ球種を投げる時にも1球毎にプレートの立つ位置を変えたりしている。同じ球種でも打者には違う軌道に見えるので有効である。

ピッチング⑧

外角低めがピッチングの基本！

最近はアッパー気味に下からスイングする打者が増えた。そうした打者にとって、バットを出しやすい低めは当てやすい。特に軟式野球の場合、複合バットで低めを詰まりながら外野に飛ばすシーンもよく見かける。

なので、今日の少年野球では速球をストライクゾーンの高めに投げることで詰まったり、空振りしてくれる可能性が高くなる。軟式球は材質も柔らかいので、こすり上げる形のインパクトになりやすい高めは、硬式よりも有効なのである。

ストライクゾーンに向かって投げると、ボー

ワンランク上の新常識

速球はストライクゾーンの真ん中高めに投げよう！

ルは当然、リリースポイントから下へ向かう軌道になる。それを調整するためにも、高めに投げる意識は大切。ストライクゾーンの高めを狙えば、少し引っかけても、ひざ元の強い球になる。低めを狙った場合には、引っかけてしまうと弱いボール球になってしまう。

球速が速い遅いではなく、ストレートを高めに投げ切れることが投手として必要な技術と考えよう。2023年のWBCでダルビッシュ有投手（パドレス）が高めのストレートの有効性を説いていたのは有名な話である。

内角と外角を投げ分けて攻めろ!

正確なコントロールを持たない投手が内外角を使おうとすると、当然だが、ストライク率は下がる。高校野球でも、内外角を狙いすぎてボールカウントを悪くしてしまうケースをよく見かける。

そこでオススメしたいのは、内外角を使わずに、緩急と高低だけを使った配球だ。真ん中を狙っても、ボールは自然と散らばるもの。狙い通りに真ん中しか行かない、正確なコントロールを手に入れてから、内外角を使うように

ワンランク上の新常識

自然と散るから、真ん中狙いでOK!

すればいいのである。配球も緩急高低の4種類になれば、その球をどういう意図で投げたかという考え方もシンプルにできる。

ストライクゾーンの真ん中高めは、手を出しやすいが、実は打つのが難しいコース。内角は体に近く、外角は体から遠いので、打者は最初から見逃す判断もしやすいが、真ん中の球には手を出したくなるもの。しかし、下から振り出すスイングでは、うまくバットに当てるのが難しい、有効なボールなのだ。

ピッチング⑩

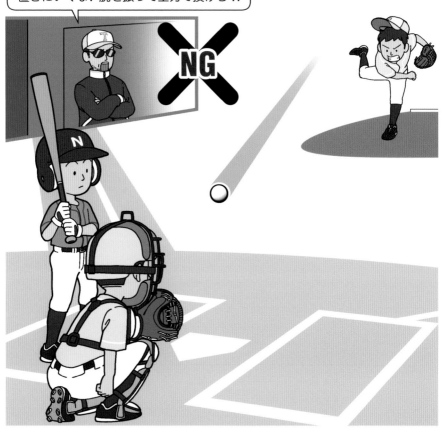

カウントが悪いのに置きにいくな！腕を振って全力で投げろ！

全力投球は余計な力が入りやすく、コントロールを悪くする原因になるので注意したい。加えて、ボール先行のカウントでは打者はストレートを待つ場合が多いので、そこに全力のストレートを投げるのはタイミングが合いやすくなる。

ボールカウントが悪い時にストライクを取りに行く場合は、60％の力加減で投げてみよう。これで打者のタイミングも崩せるし、軽く投げる分だけストライクも取りやすくなる。速球はストライクゾーンの真ん中高めを狙い、逆

ワンランク上の新常識

少し力を抑えて、狙ったところに投げよう！

少し力を抑えて狙ったところに投げよう！
Good!

に60%の球は低めを狙って、球速差をより大きく感じさせたい。小学生は変化球禁止だが、ストレートの球速を変えるのはルール違反でないので問題はない。

プロ野球で先発完投するような投手は一試合の中で100%で投げるのは10球もない。少し力を抑えて投げて狙ったところへ投げるようにしている。例外として、中継ぎや抑えの投手は短いイニングなので役割として全力でいくケースも多い。

同じリズム、同じテンポで投げよう！

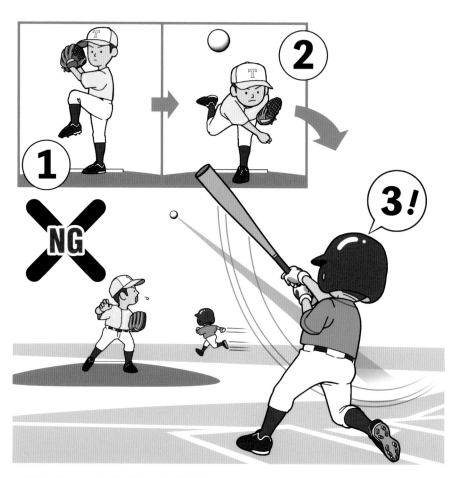

同じリズム、テンポで投げ続けると、打者はタイミングを取りやすくなるので気をつけたい。

セットポジションであれば、2ストライクまで追い込んだら、敢えてボールを長く持って打者を焦らすのも良い。また、走者がいない場面でもクイックモーションで投げてタイミングをずらすのも効果的だ。

走者がいる時に同じリズムで投げてしまうと、盗塁もされやすくなる。セットポジションでボールを持つ時間を変えることにより、走者も

ワンランク上の新常識

追い込んだり、ランナーがいる時は変えよう!

牽制することができる。

逆に、走者がいない時や追い込むまでは、打者に考える隙(すき)を与えずにどんどん投げ込みたい。捕手はボールを捕ったら、すぐに返球してサインを出す。投手も投げ終わったらすぐにプレートに戻り、投げる準備をする。ブルペンのピッチングでは、6～7秒に1球に投げるような練習もしてみよう。早いテンポ、早いリズムで投げられるようになると、力まずに安定したボールも投げられるようになる。

ランナーが出たら、牽制球（けんせいきゅう）を投げておけよ！

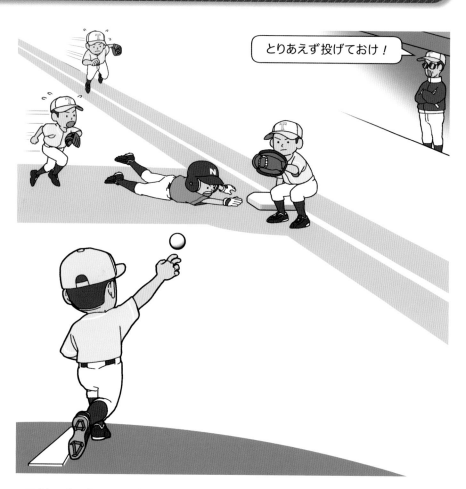

アウトにならないのに、何度も牽制球を投げるのはオススメではない。慌（あわ）てて投げることで暴投になり、流れを悪くしてしまうこともある。守っている野手も毎回、動かなければならず、体力も集中力も奪われてしまう。

牽制球を投げなくても、走者を牽制することはできる。セットポジションでボールを持つ時間を変えるだけでも、走者はスタートが切りづらくなるものだ。また、プレートを外すだけでも、走者は必ず帰塁しなければならないので、

ワンランク上の新常識

余計な牽制球は守備のリズムを乱すからやめよう！

牽制の意味はある。

例えば、ボールを持つ時間を３段階で変化をつけてみよう。同時に、ホームに投げるのと同じタイミングで、プレートを外す動きを混ぜれば、効果的な牽制になる。打者も焦（あせ）らされ、タイミングを取りづらくなるので一石二鳥だ。

良い投手は打者にどんどんボールを投げていきたいもの。ダルビッシュ有投手（パドレス）の牽制球嫌いや、山﨑康晃（やすあき）投手（DeNA）が牽制球をほとんど投げないのも有名な話だ。

軟式球には縫い目の模様があります。これがあることで指の掛かりが良くなり、ボールに強く回転を与えることができるようになります。硬式球は赤い糸で縫われていて、その縫い目の数が１０８個あるのは野球経験者の中では知られていることです。この本を書くにあたり調べてみて初めて知ったのですが、軟式球の縫い目模様の数は９２個と硬式球よりも少ないそうです。

そして、野球経験者の中でも知られていないことがあります。それは、握り方によって、縫い目模様の向きも変わるということです。写真は同じように見えますが、よく見ると縫い目の向きが違います。

上側の縫い目の向きに注目してください。

左は「＞＞＞＞＞」となっているのに対して、右は「＜＜＜＜＜」となっています。ボールを持つ場所によって、縫い目の向きが変わってしまうのです。

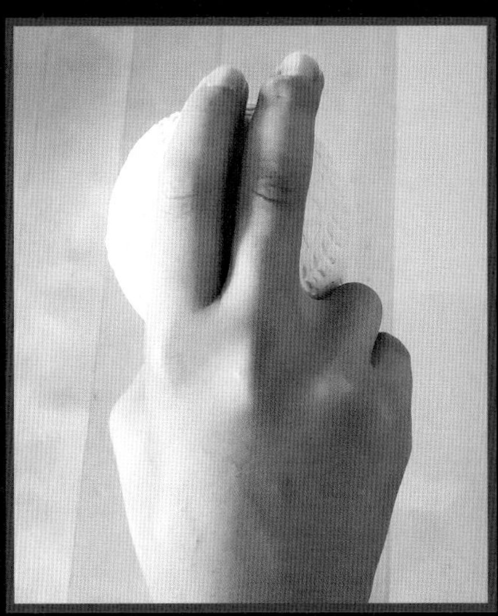

右投げのオーバーハンド投手は写真左の山の向きの人さし指と中指に添えることで指の掛かりがよくなります。手の小さい選手が人さし指、中指、薬指の3本を添える場合もこの向きでいいです。

そして、手の大きい高学年の選手が人さし指と中指の2本指を添える場合はボールの中心に中指を乗せるようにすることで、シュート系の軌道になりやすいので伸びる球になります。

この2本の指はピッタリと揃えるようにするとボールの回転数を増やしやすくなります。小指と薬指と親指を絞るようにして寄せて握ることでボールとの接地面を少なくしてリリースで球離れを良くすることができます。親指の置き方は指の腹を当てる場合と内側の側面を当てる場合のやりやすい方を試してみてください。

ピッチングの章①に書いたように、小学生の場合は手の大きさは様々なのでボールに合わせていろいろな握り方にチャレンジしましょう。

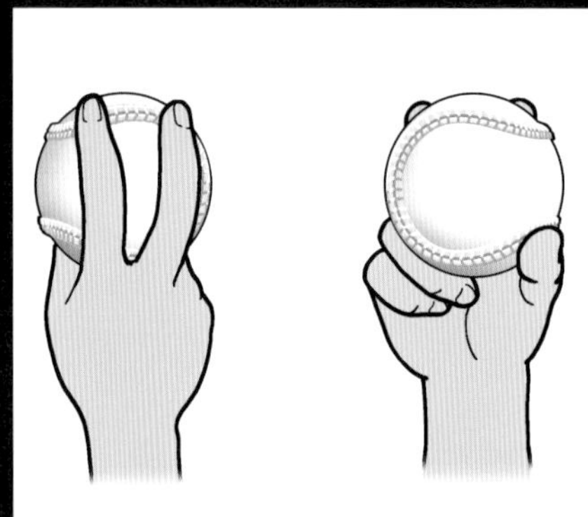

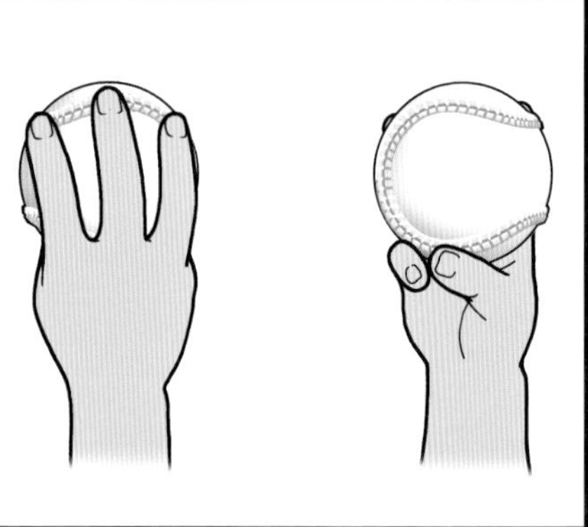

第5章

コーチング

監督、コーチ、親御さんもアップデートしよう！
目先の勝利、昭和の根性論、良くない部分は
勇気を持ってチェンジ！
中学、高校と楽しく野球を続ける選手になってもらおう!!

コーチング①

1つのポジションを極めさせよう!

チームの都合でポジションを固定し、子供の将来を大人が勝手に決めてしまうことは避けたい。小学生で外野しか守ったことがない選手が、中学や高校で内野手になるようなことはほとんどないのが現実である。

少年野球では、全選手が投手、捕手、内野、外野のポジションを経験できる形の練習をしたい。内野ゴロをさばく、外野フライを捕る、ストライクを入れるといった基本技術は全員に身につけてほしい。

ワンランク上の新常識

複数ポジションにチャレンジ!

1イニングごとに守るポジションを変えたり、一度ベンチに退(しりぞ)いた選手も試合にまた戻ることができる「リエントリー制」を取り入れるなど、全員が複数のポジションを守れる特別ルールで練習試合をするのはオススメである。

複数ポジションを守ることができれば、将来的にも、試合に出られる可能性も増す。各年代の日本代表チームをみても、外野手登録の選手は少なく、複数ポジションを守れる選手が選考されるようになっている。

コーチング②

小技のサインプレーで得点を稼ごう!

目先の勝利にこだわるあまりに、選手たちに小技を強要するのは、彼らの将来の可能性を潰すことにつながりかねない。チャンスに強い打者というのは、小学生の時から、塁上に走者がいてもノーサインで打たせてもらっている選手である。どんな選手にも、こうした機会を数多く与えることが、チャンスで迷いなく初球から振っていける打者を育てることにつながる。

複合バットの出現により、体の小さい選手でも強い打球が打てるようになった。小技に頼

ワンランク上の新常識

ノーサインで自由に打たせて、走らせよう！

ることなく、積極的なヒッティングで得点を重ねる試合展開も実現可能なのだ。打って得点を取りに行くことが日常的になれば、守備では最少失点でしのげばよいという柔軟な考え方もできる。

2023年のWBCでも、試合を決めているのは積極的に打ちにいった長打である。こういう試合展開にプレーヤーも観戦している人間もワクワクドキドキを感じるものと、たてぶり先生は考えている。

ランナー三塁の時は前進守備で1点を防ごう!

NG

少年野球の試合では、内野手の前進守備によりヒットゾーンを広げてしまい、結果的にビッグイニングにつながってしまうケースが多い。大量失点を避けるためには、1点を失うことを怖がらずに、目の前の打者でアウトを取ることを優先することが大切。1点と引き換えに1アウトをとっていく考えで、最少失点に収めることができるはずである。

そのためには、111ページで書いたように、積極的に打って得点することを日常的にして

ワンランク上の新常識

1失点を怖がらずに、ビッグイニングを作らせないことが優先！

おきたい。攻撃と守備は表裏一体。「前進守備で1点を防ぐ」という考えは、「小技で1点を取る」という考えと、根本でつながるのだ。

とはいえ、次の1点でサヨナラ、という場面では前進守備が必要なこともある。いざというときのために、練習はしておきたい。

そしてもうひとつ。極端な前進守備を取ることは、内野手に打球が直撃してしまう事故の危険が高まることも、常に留意しておきたい。

コーチング④

守備時にランナーが出たら、盗塁を警戒(けいかい)だ！

盗塁で守備をかき回されない対策として、「無死一塁は1失点とあきらめる」くらいの割り切りを持つ余裕も必要だ。盗塁されても構わないので、投手は打者にストライクを投げることに集中する。

走者を背負った場面で避けたいのは、盗塁により進塁されることではない。盗塁を警戒するあまり、投げ急いでコントロールを乱し、打者に有利なカウントにしてしまったり、速球中心の配球になることで、打者がタイミングを合わせや

ワンランク上の新常識

バッターにストライクを投げることに集中！

すくなることである。

コントロールに不安がある投手や、経験の浅い投手の場合、あえて盗塁させてしまうのもオススメである。盗塁の時には、基本的に打者はその1球を見逃すので、クイックモーションも使わず、落ち着いてストライクを取れるようにする。そうしてストライク先行のカウントに持ち込めれば、アウトを取れる可能性も上がってくる。

コントロールの良い投手や経験を積んだ投手は103ページの牽制方法に取り組んで欲しい。

コーチング⑤

ケガしてもできるトレーニングがあるぞ!

NG

ケガをした時に、一番大事なのは「治療に専念する」こと。素人考えで、できることをしようとすることが症状を悪化させたり、完治を遅らせることになったりする。

例えば、足をケガした時に「腕なら大丈夫だろう」とトレーニングを始めると、神経はつながっているので、無意識に足にも力が入ってしまい、治療に響いてしまうケースもある。安易な自己判断で動かず、しっかりとドクターの指示に従って治療を進めていくことが大切である。

「今できること」は練習や、筋力トレーニン

ワンランク上の新常識

休むのも大事な練習。まずしっかり治そう!

グに限らない。チームメイトが指導を受けているのを見学したり、YouTubeでプロ野球選手のプレーを研究することでも構わないのである。

たいていは大人がやらせたがる場合が多いので、たてぶり先生は「休むことも大事な練習」だと、大人にも子供にも伝えている。ケガをして野球ができない時間が本当に野球が好きかどうか、自分を見つめ直す良い機会にもなるのである。

コーチング⑥

選手の体に直接触って誘導しよう！

NG

選手を指導する際に、体に触れる光景をよく見かける。腕をつかんだり、頭を抑えたり、酷い場合はノックバットを体に当てたりしていることもある。このようなことは相手が子供だからといって許されるものではなく、ハラスメントと捉えられてもおかしくない行為と認識しておきたい。

他人から力任せに体を触れられることは、本人にとっては非常に不快なこと。しかも、選手は触れられた部位に意識が集中してしまうため

ワンランク上の新常識

選手の体には触れないようにしよう！

に、本来、伝えたい動きをイメージすることが難しくなるのである。

選手の体に触らなくても、アドバイスをすることは可能である。例えば、選手の前で手本を見せることである。選手の顔の向きを考えて、見やすいに位置に立って実演するのが上手く伝えるコツである。最近では、スマートフォンやタブレットを使い、グラウンドでも映像や写真を見せて説明することも可能だ。

コーチング⑦

NG度 

「声を出せ!」「集中しろ!」「気持ちで負けるな!」「考えてプレーしろ!」「自分たちの野球をしろ!」

経験が少なく、技術的にも未熟な小学生に対して、試合中に抽象的（ちゅうしょうてき）な指示や精神論のようなアドバイスをしても、状況が好転することはほとんどない。それよりも「何に注意すべきか」を具体的に、かつ簡潔（かんけつ）に伝えることが大切である。

そのためには、指導者は常に試合状況を瞬時に分析して、最優先されることを言語化できるようにしておきたい。これができないから、その場しのぎで抽象的な指示しか出せないの

ワンランク上の新常識

選手が理解行動できるように、具体性のある指示を出そう！

である。また、そういう指導者に限って「あの場面はこうするべきだった」と結果論で後々から選手を叱ったりする。

その場しのぎにならないためにも、普段の練習や練習試合の中から、試合展開や状況判断の仕方をチーム内で共有しておく必要がある。こういうことができているチームは試合に出ている選手も、ベンチで控えている選手も、プレーに関わる声が自然と出てくるようになるものなのだ。

コーチング⑧

NG度 

勝つためには選手に我慢をしてもらおう！

チーム	一	二	三	四	五	六	七	合計
N	2	0	1	1	0			4
T	0	1	2	0				3

子供たちは野球をプレイするためにチームに入っている。彼らが純粋に野球を楽しめるチームづくりこそが本来の姿である。

練習内容に差をつけること、試合に出さないこと、登録メンバーに入れないこと、バントをさせること……。こうした行為を「自分を犠牲にする」という言葉を使って、正当化してしまっていないだろうか？　ウマいとかヘタだとか、体が大きいとか小さいとかにかかわらず、全ての子供たちが平等公平に野球をできることが当たり前であって欲しい。

お茶当番、車出し、ボランティアコーチなど

ワンランク上の新常識

全員が楽しめるチームにしよう!

Good!
チーム 一 二 三 四 五 六 七 合計
N 2 0 1 1 0 4
T 0 1 2 0 3

の保護者の問題も同様である。「子供のために」という大義名分で自己犠牲を求めるような同調圧力がある限り、野球は支持を得られるスポーツにはなっていかないであろう。

野球を楽しむことが勝つことを放棄(ほうき)することになるわけではない。選手たちに多くのプレイする機会を与えることが彼らを成長させ、結果としてチーム力のアップにもつながるからである。

子供も大人も、みんなで楽しめる少年野球を目指そう!

縦振り的打者と縦振り的投手が対決したらどうなる??

この本で紹介したようなバッティングができる打者とピッチングができる投手が対決したらどうなるか気になりますよね？

その答えは「引き分け」です。

投手と打者の勝負で「引き分け」というのは「ファールボール」ですね。これには条件があって、一球勝負でお互いがベストのパフォーマンスをした時の話です。投手がストライクゾーンの高めに強いストレートを投げて、その球に打者が縦振り（バッティングの項目⑭のイラストのようなインパクト）で対応するわけです。

投手が投げたベストボールをヒットにすることはどんなに良い打者でも難しいことです。投手のレベルが高ければ、それで打ち取れてしまうわけですからね。投手のベストボールを見逃すことやファールにすることができるのが良い打者の証です。

そういう意味で、このファールボールというのは何回打ったとしても投手と打者の勝負はつかないですから「引き分け」となるわけです。

でも、試合の中での打者と投手の勝負というものはそんなに単純なものではありません。配球や試合の状況、投手打者の心理状態が加われば、勝負の行方はより複雑になります。それによって投手が失投することもありますし、打者が凡打してしまうこともありますし、両者がミスをすることだってあります。100％はないのがスポーツの世界です。良い投手が毎回完全試合をするわけではありませんし、10割打者がいないのも現実ですからね。

また、あることに矛盾を感じた人もいるかもしれません。バッティングでは「高めは長打になりやすいので、積極的に振ろう！」と言いながら、ピッチングでは「ストレートはストライクゾーンの真ん中高めに投げよう！」と言っていることです。わざわざ積極的に振ってくる高めに投げる必要があるのかということですよね。

ここで大事になるのは同じ高めでも意図した球であるのかということです。バッティングで振っていこうと言っているのは意図して投げられていない高めの話です。低めを狙っていたストレートが高めに浮いて弱くなってしまうと非常に危険な球になります。

もちろん打者としては、投手のベストボールであるストライクゾーンの高めのストレートも対応する準備をしておかなければなりません。そこも踏まえたバッティングの心構えについても説明していきましょう。

投手は打者を打ち取るためにいろいろな球を投げてきます。それを一つの決まった打ち方だけで対応するのではなく、いろいろな打ち方ができることが必要だと考えています。タイミングをズラされたり、体勢を崩されている中でもバットに当てられるような感覚が欲しいのです。実際の試合でもドンピシャのタイミングで打てることの方が少ないわけですからね。

そこで、バッティングは「縦振り」と「横振り」の2種類を使い分けることで対応します。

ストライクゾーンの高めより上は「縦振り」で対応します。バッティングの章⑭のイラストのようなインパクトです。

自分のイメージと実際の動きには必ず差が出てきますので、これくらい極端にバットを出す意識が大切です。打つポイントは体に近く手首が返らない所でインパクトする感覚です。

これより下の真ん中から低めは「横振り」で対応します。バッティングの章⑤のイラストのようなインパクトです。

打つポイントは体から離れた場所で手首が返るところでインパクトする感覚です。真ん中では体勢が崩れることはありませんが、低めであれば「泳ぐ」とか「引っかける」という感覚になります。低くなるほど、打つポイントは体から離れて前になっていきます。

大切なのは、高めを「縦振り」する準備をしながら、真ん中から低めを「横振り」に切り替えるという「待ち方」をすることです。理由としては、高めの方が時間が少ないからなのです。リリースされたところからストライクゾーンの低めより高めの方が距離が短いですから、同じ球速であれば低めよりも高めの方が到達時間が速くなります。だからこそ、高めの速い球に合わせておかないと振り遅れてしまうことになります。

ピッチングの項目の中でストレートをストライクゾーンの真ん中高めに投げるのも、これが理由になるのです。自分の持っている最大球速を一番速く感じさせるところに投げることで打ち取れる可能性を広げるわけです。

つまり、打者と投手は「高め」の攻防が勝負になるのです。

あとがき

世の中には「常識」と呼ばれる固定観念（こていかんねん）や先入観（せんにゅうかん）みたいなものがたくさんはびこっています。特に野球というスポーツには、それが強い気がします。

もちろんスポーツやコーチングは正解不正解と簡単に答えが出るものではありません。短期的にみたり、中長期的にみたり、色々な視点が大切になります。でも、そこを省みることをせずに毎年同じことを繰り返しているような指導を未だに目にすることが多いです。

小学生は同じ学年であっても肉体的にも、精神的にも、技術的にも様々な子どもたちがいます。子ども同士を比較するのではなく、その子自身がどう変わっていっているのかという見方をしてあげたいです。指導するにあたってもそうでしすし、保護者の方がご自身のお子さんに接する時もそうです。

しかしながら小学生で試合に出ている選手は低学年から高学年まで、学年が変わってもほとんどメンバーが変わらなかったりするのが実情です。それに子どものスポーツであるはずなのにレギュラー選手と控え選手という分類ができてしまうのも日本のジュニアスポーツの大きな問題だと思っています。練習内容や選手起用が平等公平ではないことには物凄く違和感を覚えます。

このように今までは良しとされてきたことや何の疑問も持たれてきていないような常識をブチ壊していくのがボクの使命だと思っています。それで救われる野球をやっている子どもたちやこれから始めてくれる子どもたち、その保護者やチームの指導者の方々が必ずいるはずです。

この本には、今までみなさんが目にしたことも聞いたこともないような話がたくさん書かれてあったはずです。だからこそ、みなさんがこの本を読む価値があったわけです。知っていることが書いてある本を買う必要はないですからね。この本をキッカケに野球が上手くなる子どもたちがたくさん増えて欲しいです。上手くなれば、楽しいですし、野球もどんどん好きになってくれるはずです。そのような子どもたちの姿をみれば、周囲の大人たちも笑顔になれますからね。

そんなみなさんと、いつか一緒にグラウンドで野球ができるのを楽しみにしています！

2023年11月　たてぶり先生（榊原 貴之）

プロフィール

監修
座間ひまわり野球倶楽部　代表
株式会社メイク・ユア・ロード　代表取締役

たてぶり先生／榊原貴之

「たてぶり先生」の愛称で親しまれる。1974年、神奈川県生まれ。野球指導歴は27年。
「縦振り」という独自の理論を基にして、幅広い年代を指導。フォームなどの形にこだわるのではなく、手先の感覚や道具の扱い方からアプローチしてパフォーマンスアップをサポート。
野球の技術や指導方法に関する考え方をSNSで毎日発信中!

X(旧Twitter)
https://twitter.com/taka19740921

ジュニアスポーツの在り方へ提言するために、2018年に座間ひまわり野球倶楽部を創立。
既存連盟には所属をせず、選手への平等公平な機会提供や保護者負担を減らすような取り組みを行う。
子どもも大人も純粋に野球を楽しめる環境づくりの普及に努める。

チームHP
https://himawari-bbc.com/

執筆協力

鈴木秀樹

1968年、愛知県生まれ。 フリーライター。
2002年より東京中日スポーツ「みんなのスポーツ」コーナー（2020年からは東京新聞でも展開）で、デスク兼記者兼カメラマンとして、首都圏を中心に学童野球を取材している。

[STAFF]

イラスト　丸口洋平
デザイン・DTP　田中國裕・吉岡鈴香（トップスタジオ）
協力チーム　中野セネタース

そのコーチの教え、本当に正しいの？
少年野球　ワンランク上の選手になるための新常識52

2023年12月1日　第1刷発行

監　修…たてぶり先生
発行者…吉田芳史
印刷所…株式会社光邦
製本所…株式会社光邦
発行所…株式会社日本文芸社
〒100-0003　東京都千代田区一ツ橋1-1-1　パレスサイドビル8F
TEL. 03-5224-6460［代表］

内容に関するお問い合わせは小社ウェブサイト
お問い合わせフォームまでお願いいたします。
URL　https://www.nihonbungeisha.co.jp/

Printed in Japan 112231122-112231122 Ⓝ 01（210122）
ISBN978-4-537-22158-9
（編集担当：松下）